Venir après

Dazibao est un centre d'artistes voué à la diffusion de la photographie actuelle. Via des expositions, des publications, des conférences et des performances, Dazibao soutient des pratiques artistiques et des réflexions théoriques offrant un point de vue novateur sur la photographie ou proposant des liens singuliers avec d'autres disciplines.

Ouvrage sous la direction de France Choinière
Conception graphique de Joanne Véronneau
Texte révisé par Janou Gagnon

DAZIBAO
centre de photographies actuelles
4001, rue Berri, espace 202
Montréal (Québec) H2L 4H2
téléphone : (514) 845.0063
télécopieur : (514) 845.6482
dazibao@cam.org

Dépôt légal : 2ᵉ trimestre 1999
Bibliothèque nationale du Québec
Bibliothèque nationale du Canada

Distribution :
ABC Livres d'art Canada
372, rue Sainte-Catherine O. #230
Montréal (Québec) H3B 1A2
téléphone : (514) 871.0606
télécopieur : (514) 871.2112
www.abcartbookscanada.com

Venir après

Joseph Jean Rolland Dubé
RÉCIT

Suzan Vachon
IMAGES

DAZIBAO
DES PHOTOGRAPHES

TRILOGIE URBAINE

Or, du fond de la nuit, nous témoignons encore

De la splendeur du jour et de tous ses présents

Si nous ne dormons pas, c'est pour guetter l'aurore

Qui prouvera qu'enfin nous vivons au présent.

Robert Desnos, *Demain*

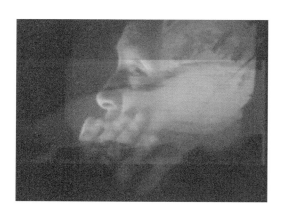

Plus rien n'existe vraiment. Le typhon du Savoir aura tout emporté dans son sillage. Absorber, consommer, dévorer de l'information jusqu'à n'en plus savoir que faire — jusqu'à n'en plus savoir ni quand ni comment respirer.

La grande ducasse des feux d'aujourd'hui fonctionne bien au-delà de mes espérances : je me retrouve aspiré, balayé, rayé de la carte de mes propres enjeux. CNN, RDI, TV5, BBC : je ne veux plus de ce téléviseur miniature dans le coin supérieur gauche de l'écran d'un quelconque ordinateur ; hotbot.com, yahoo.com, ledroit.com, pathfinder.com ; je n'offrirai plus jamais mes sens à la dérisoire usurpation Internet — que je consultais jusqu'à tout récemment encore plusieurs fois par jour. Plus de journaux, de magazines spécialisés. Plus d'encyclopédies numériques, d'atlas sur CD-ROM.

Plus rien.

La bagatelle de la prospérité crescendo corporative ne me fait plus rire. Je ne veux être qu'avec toi. Avec ta légèreté. Avec ta peine.

De partout, les navires de louanges larguaient leur cargaison… et je gobais, je gobais tout sans regimber. L'expérience n'était pourtant pas extravagante. Il ne s'agissait que d'une immersion totale et volontaire en plein cœur d'une époque qui vend et loue des machines.

L'information pour l'information, le savoir pour le savoir, le profit pour le profit ; un fabuleux labyrinthe où il est si convenable de s'égarer. Mais je ne veux plus rien entendre. Rien. Ici, maintenant, avec toi, je tenterai l'ultime désintoxication : enfin le sevrage qui s'amorce.

J'aimerais bien avouer devant jury qu'un homme puisse passer la majeure partie de son existence devant un écran cathodique et en sortir grandi, mais j'en suis incapable ; s'il le faut, je témoignerai pendant dix siècles en faveur du papier, de la plume, de l'enclume et de la sueur.

Voici la montre qui ne s'arrête jamais. Voici la nuit, cette amusante sagesse, envahissant sans retenue l'usine. Voici le vent, voici la neige, voici la ville. Cité hasard, lieu d'un seul siècle. Celui qui jamais ne s'achève.

Quelques étoffes sur un plancher désert — dans une pièce froide comme ce vide qui m'habitait avant de te rencontrer. Qu'un dé à coudre doré sur le bout de ce doigt pour toi destiné. Tu verras. Ce sera une jolie robe. Elle est presque terminée. Je serai belle comme maman. Le tissu est fragile. J'hésite. Je change d'aiguille. J'utiliserai la plus petite. J'enfile de nouveau. Je suis l'inlassable. Elle sera parfaite. Elle sera pour toi.

Hiver. Nudité. Connaissance.

Du bout des yeux, j'admire le motif incomplet de ton sexe dévoilé. Quelques ombres sur ma peau. Quelques zèbres au fond des yeux. Sur mon flanc d'un calme ensorcelant, un homme moderne — moderne, donc agité.

Cet homme, c'est toi.

Tourmenté même quand tu dors, préoccupé même quand tu rêves.

Je recommence. Mes jambes sont longues. Elle sera courte. Un long fil noir à ses trousses, l'alène de mon amour s'enfonce avec délicatesse dans la fragilité de la mousseline. Maladresse. La pointe de l'aiguille rencontre le bout d'un petit doigt mystérieux. Non, je n'ai pas mal. Qu'une perle de sang. Je la regarde, la scrute, la suce. Le travail n'existe plus. Le plancher est froid. Je n'ai que le coussin de mes jolies fesses pour me protéger contre la rigueur du parquet. Mes cheveux forment des myriades de volutes sur le noir du tissu.

Je n'arrêterai jamais de vouloir te plaire. Lorsque j'étale la robe sur le sol, elle ressemble à un croissant tout chaud ; lorsque ce croissant moulera mes hanches, je ressemblerai à une poupée. Les garçons sont bien étranges. Ils détestent les poupées pendant les plus belles années de leur vie et lorsqu'ils deviennent trop vieux pour vraiment s'amuser… ils ne pensent plus qu'à elles. Moi, je serai ta poupée. Nous refleurirons ensemble. Est-ce que tu veux que je sois ta poupée à toi ?

Toi qui ne réponds pas.

Toi qui sommeilles.

Lorsque le faste tissu effleure mes genoux, une douce musique envahit la pièce. Se dédoubler d'ardeur. En terminant mon ouvrage, j'entends déjà la cantate de la mousseline frôlant la nudité de ton corps à toi ; je deviens ce violoncelle de chair qui te fera voguer sur les flots d'une urgence. J'adore ce petit dé à coudre doré… et je t'adore aussi, mon spectre. Je suis ton fil, je suis ta robe enfin terminée. Je suis ton corps, je suis ton sang. Je suis nue, il fait froid et je cambre mon dos. Mes fesses sont rondes et elles t'appartiennent. Elles ne bondiront plus que pour toi.

Que pour toi, mon homme du monde.

Que pour toi, mon citadin des courbes de ma ville.

Bientôt, à travers le tulle d'un corsage pellucide, je t'offrirai mes sens, je t'offrirai ma bouche… et tu signeras, de ces lettres opalines que récitera ta bourse, le livre d'or de ta cité.

Je te désire. Le temps ne figure plus à l'ordre du jour.

Dors, mon amour… fais dodo.

J'ajuste ma coiffure jusqu'à devenir toque.

Et j'enfile ma robe de bal.

La blancheur d'une neige nouvelle encercle notre usine ; elle se love contre la brique de nos murs.

Douce chute. Quelques flocons vers un ensemble.

Que tu es beau. Contre ce lit autrement sombre. Par un éclairage de calandres. Enraciné à même la froideur cathodique de la fabrique infinie qui nous sert de logis. Retranché dans la splendeur du plus simple des gestes.

Une pièce immense. Un art nouveau. Celui des heures, celui des traces. Celui du courage des femmes, celui des ouvriers déchus. Des photographies étalées sur le lit, sur le sol. Clandestines présences. Ces images oubliées par un mordant progrès. Que des filles, que des femmes. Les images d'un harem. Ou d'une détresse. Elles sont si tristes. Une distance ensorcelante. Cet arbre, un visage, un paysage familier qui se drapent. Lorsque tu ne dors pas, tu revois tous ces gris, toutes ces manières — toi qui tentes de me dire ce que savent toutes ces mains. Dans l'instant, tes tentatives restent vaines.

Comprendre est un luxe que je ne peux m'offrir.

Quant à toi ? Saisir l'essence de ton épineux monde. Bientôt, je l'espère. Je te le souhaite.

Nous sommes ici depuis septembre. Progressivement, l'ancien laboratoire devint cabale. Il n'y a plus rien, ici. Une archéologie d'avant l'heure. La solidité de ces sombres murs. La morbide épaisseur des carreaux. Quelques reflets, quelques flocons. Au loin, le clocher d'une église. C'est joli, céans.

Tout devient si simple lorsque je suis ta trace… lorsque mon corps est ton chantier.

Moi qui persiste. Moi qui ne désire que comprendre. Et cet unique souvenir. Celui qui n'a rien d'agréable. À la veille de mon huitième anniversaire, cette bicyclette fonçant sur moi. Percutant avec violence mon corps, ma tête de petite fille. Moi et mes larmes de gamine. Tordue par la douleur. Affalée sur le ciment. De rares esquisses qui me reviennent. Mon père délaissant la tondeuse pour accourir à mon secours. Ce sang s'échappant de ma tête. Je sombrais dans un monde nouveau. Une vie sans mémoire, une vie d'efforts gratuits. Le vert du gazon, le bleu du ciel. Le visage suppliant de papa, la portière de la voiture. L'entrée de la clinique, l'odeur de la lésion. Les premiers médecins m'entourant, l'évanouissement, la disparition… et un réveil tout blanc.

Ce jour-là, ma mémoire devint gruyère.

Je pleure bien trop souvent.

Retour à la maison. La voix de mon père s'adressant à une voisine inquiète. Moi qui semblais pourtant en parfaite santé, souriante, radieuse… j'oubliais tout. Ne retournerais jamais à l'école. Quelques années de spécialistes pour une enfant portée disparue. Puis l'abandon, les crises, la fureur d'une légitime révolte.

La petite fille de papa était devenue folle.

La petite fille sans maman n'étendait plus le linge correctement sur la corde.

Moi, devenue folle ? Je ne sais pas, mais ce que je sais, c'est que je suis devenue femme et que tes cuisses s'entrouvrent à la demande de mes petits doigts éperdument graciles. Ces gestes-là. Volontaires. Ceux d'une enfant perdue dans la résille. Plongeon tracé. Ma robe et moi. Aux quatre vents. L'insistance de mes petits doigts sur une capuce ne demandant qu'à suivre le cortège. Pression si douce. L'humidité. De l'eau partout. Sveltes volutes. Chatte et patience. Ne reste plus ici que le souffle de ma bouche sur ton vit redressé — de mon insolente beauté délavé. Et mon regard qui te cherche — cet éclair bleu qui remonte vers la berge.

Ce « regard illimité », comme tu dis. Celui que tu aimes tant. Tu es gentil de me dire si souvent que je suis belle… mon espèce de beau tout nu que j'aime.

Tu dors et je m'amuse. Je ne sais trop que faire de toutes ces heures, de tout ce temps — lorsque je redeviens seule, lorsque tu disparais pour la nuit.

Parfois, je danse.

Parfois, je lis.

Parfois, quelques doigts de dentelle aux crochets maquillés glissent avec volupté sur le lit de ta chair.

Je fais des sillons dans ton poil. Rayer ici, labourer là. J'adore ça. Toi, lorsque tu ne dors pas, tu penses que je ne fais que flatter ton poil, mais en fait, quand je fais ça, je te caresse aussi le pénis avec mon petit doigt. Je fais semblant d'être une puce. Souvent, quand je fais ça, ton pénis répond. Toi, tu ne sais pas que je fais ça… mais lui, il le sait.

C'est si tranquille, ici. La triste usine isolée ne répond plus aux appels des larmes, aux cris de révolte de tous ces gens des premières heures. Ne reste plus ici que ma langue, mes doigts et quelques souvenirs. Que ma dense salive. Que le sépulcral de ma gorge ravie.

Moi, je sais seulement que je suis libidineuse.

Et que j'adore ça.

Mes paupières chavirent ; mon regard ne fait plus qu'effleurer l'espace sans bornes que nous occupons. Ce lit si vert en plein centre d'un lieu rigoureux. Ces couvertures iconoclastes, tressées par la patience d'une gentille vieille dame. Ce gros fauteuil tout rouge déniché dans une vente-débarras. Ces planchers d'un béton devenu trop gris sous le passage des heures.

Une pièce immensément vide.

Que ces quelques images où l'on peut lire une vie d'avant.

Que mon petit sac à main argenté.

Que cette robe achevée entre mes fesses et le béton glacé.

Que ces dizaines de vieilles machines à écrire installées sur des boîtes en carton contre le mur le plus lumineux de la salle.

Point de sens sinon celui qui se doit d'exister. Abandonner le confort de nos jeunes vies dorées. Un angélique projet. Redécouvrir une certaine nécessité. Redéfinir le souffle. Deux sourires, deux regards. Deux sexes transformés.

La vie étant le bout de mon nez enduit de ta semence.

Tu écris toute la journée. D'une machine à l'autre. L'enivrant carrousel de tes mots. Tu tapes toutes ces histoires que je te demande de me résumer. Tu es mon scribe, ma science. Plus rien n'arrêtera tes phrases.

La rédaction d'un calque du passé.

Pour moi. Seulement pour moi.

Pour toi, je le crois, tout ceci est vraiment important. Pour moi, pour moi… je n'en sais rien. J'ignorais toute croyance et n'ai qu'à peine changé. Avant de te rencontrer, j'aurais bien aimé croire en quelque chose. En n'importe quoi. Mais rien n'y fit. Spiritualité zéro. Ne savoir que bien peu… et ne rien comprendre. J'aurais remis en doute jusqu'à ma propre irréligion. De toute ma vie, je n'aurai jamais vraiment pu me convaincre de quoi que ce soit… jusqu'à toi, mon mirador. Jusqu'à l'unique lueur de l'aurore de tes yeux lorsqu'ils se fondent à l'horizon. Rien n'est plus vaste, plus brillant. Cette candeur-là existe, je le sais ; et cette lumière-là… j'aimerais bien la contempler jusqu'au couchant de ce qui est peut-être ma vie.

J'ai un présent pour toi, pour ton réveil ; en fait, j'ai quelque chose à te dire.

Mon corps de femme m'obéit à la lettre. Par contre, mon visage de petite fille ne respecte pas toujours la consigne. Un moment, je suis jolie, c'est vrai… puis je deviens affreuse en l'espace d'une seconde. Ou l'inverse. C'est selon. Je le sens, maintenant, je suis laide. Libre et hideuse. J'ai trop pensé. Ma tête éclate. Une image est si fragile.

Cette gauche main qui danserait ainsi avec ton corps pendant des heures, pendant des siècles… mais j'interromps son ballet ; et si tu t'éveillais pendant que je suis laide ? Et si soudainement tu n'étais plus fier de moi ?

Toutes ces photographies d'inconnues autour de nous. Toutes ces invitations vers l'ailleurs. Vers le mystère. Vers un plaisir nouveau.

D'un geste mécanique, j'ouvre mon sac à main argenté. Y dégotte mon petit miroir de poche. Condamné par le faible reflet d'un éclairage funeste, mon regard s'écarquille. Ces pupilles dilatées. Mes traits tirés, déformés. Ma peau d'un blanc malade. Je n'aime pas les miroirs, je n'aime pas ma coiffure. Une toque absurde en forme de cloche. Mais je suis forte, moi. Je ne perds jamais l'équilibre. En dénouant mes cheveux, je te contemple. Telle une tigresse ensorcelée, ma longue chevelure dorée s'échappe de sa cage et inonde mes trop larges épaules en vagues successives. En me fardant les joues, je pense à toi. Mon visage s'illumine ; je deviens agréable. Grimaçante, mais désirable. En abusant d'un bâton de rouge jusqu'à borner ma bouche d'un anneau loufoque, je t'imagine en train de m'admirer. Je souris, je suis vraiment jolie. Je suis la plus belle, monsieur. La plus bandante. Sur le sol gelé, mes fesses sont les plus irrésistibles… et mes épaules sont parfaites.

Revenir vers toi, ma soif. M'appuyer le visage contre ta cuisse. Tu as l'air bien. Tu aimeras cette robe. Ce pouce contre ta verge. Ce petit geste qui ne dort pas. La veste déployée de mes lèvres enveloppant son tronc. Sons d'une rigole, d'un pays, d'un sentier. Ces yeux immenses vers le haut, ces joues renfoncées. Cet éclairage lunaire. La danse de mon désir est un ballet ludique. Qui fait des sons. Qui apprivoise. Qui s'approprie. Moi qui m'amuse, tout simplement. Bourse liquide. Belle à croquer. Ton pénis tout dur et ton scrotum tout chaud sont recouverts d'un doux mélange de rouge à lèvres et de salive.

Mes lèvres s'éloignent en laissant s'allonger entre nous un filet d'une mousse épaisse et gluante qui s'étire, s'étire jusqu'à se briser et s'affaisser sur la base de mon jouet à moi. Tu es mon prisonnier. Mes cheveux forment ta cage. Du bout du pouce et de l'index, je frôle cet amusant cratère. J'aime bien regarder le gland en le serrant entre mes doigts. Il ressemble à un chapeau de pompier. Décalotter un homme, c'est comme mettre un bas nylon. C'est tellement sensuel. Le glissement de cette deuxième peau contre la cuisse, sentir l'étirement contre le gland… ton sexe adore ça. Il se sent habillé alors qu'il ne l'est plus. Je descends la peau tranquillement, tranquillement… parce que j'ai la névrose de te faire mal. Mais ça va, je crois. Ton sommeil est tout doux. Tu ne fais pas vraiment pitié. Je tourne et retourne la peau comme pour ajuster la ligne de nylon à l'arrière de la jambe. Toi aussi tu as une ligne à l'arrière de ton pénis. Quelle jolie cuisse. C'est presque féminin, finalement, un pénis en érection.

Ton sexe a le corps d'une effeuilleuse. Je me perds en cette vision. Moi, j'ai un corps de pin-up. Admirablement, savamment démodé. Seins d'entonnoirs. Taille en rinceau. Bassin flemmard. Cuisses en délices. Salutations venues d'ailleurs.

D'un autre temps. D'une autre époque.

Une adolescente incommode. Je devenais courbe, sans trop piger. Maintenant, je sais ; je devenais volupté… car je serais tienne.

Tout brille dans un monde isolé. Le jeu s'étire. Je suis torture. Le bruit d'une voiture, d'un camion. Fébrile désir. Quelques atours, quelques parures. Ces petits diamants qui ornent mes oreilles envoient des signaux. Le scintillement d'un morse qui n'a d'autre fonction que celle d'être nacré. Le métal des anneaux que le souvenir de maman m'a légués se frotte sur les plis et replis de peau gluants dont je chante l'éveil. Éloignées de toute supercherie, à l'ombre de la grande représentation pudique et anonyme de tout ce que nous venons de quitter, mes mains, mes dents, mes joues gonflées ne vivent qu'au présent. Le présent de se fondre l'un à l'autre jusqu'au dernier tableau.

Tout ici vers demain portera notre trace.

Le mouvement, la rigueur. L'instant de l'immobile. Le retour d'une main. Mon sourire est gavotte. Je te connais à peine. Tu ne sais rien de moi. Affriolant paradoxe. Tu remues, tu grognes un peu.

Tu adores mon ouvrage. À quoi peux-tu rêver?

La solidité de ces sombres murs. Détestable antérieur. Je désire être heureuse et tu ne veux plus rien entendre.

Rien. À quoi tu rêves lorsque tu rêves?

Tu n'en pouvais plus de vivre dans un univers tronqué. Tu ne supportais plus la vitesse à laquelle tu devais réagir. Toutes ces disquettes, ces piles de documents, ces échéances qui te pressaient à froid... c'en était trop. Tu déclaras le jeu terminé. Moi, je suis bien d'accord. De grâce, un arrêt ; une minute de silence à la mémoire de cette fiction qui n'existe plus. S'éloigner, respirer. Disparaître un peu.

Une fenêtre devant mes yeux mi-clos. Le plaisir se décuple. Fidèle à ses habitudes, la nuit boréale est d'une beauté déraisonnable. Passagers d'un ciel voilé, quelques nuages plus téméraires se détachent du vaste fond des autres lieux. Ces énormes flocons. De par l'horizon, ils frisent les cheminées muettes de la ville endormie.

On peut tout voir de ce couffin.

Toute la beauté du ciel. Toute la laideur du monde.

Voici le vertige à ciel ouvert : la ville que nous avons choisie. Un échantillon d'une richesse inespérée. Ville industrielle planifiée, joyau d'une modernité à jamais révolue, cité monochrome jadis extraordinairement prospère — mais qui désormais semble vouée à l'inévitable évanouissement des héros, au juste retour des choses. Quelques rues, quelques carcasses d'usines défuntes ; une agglomération d'utopies qui ne réclame plus grand chose, qui ne demande finalement qu'à renaître par l'invention d'une nouvelle illusion.

Tu voulais partir... et nous sommes partis.

Moi, je reste ici. Je suis à toi.

À toi et à ce que je brûle de te dire.

Nous sommes si différents. Ton sexe devient ivre, comme givré par des milliers de petites banquises. Mes murmures, le son pervers et pourtant raffiné de ma respiration. Ces photographies qui gisent sur le lit, sur le sol, circulent toujours dans mes veines. Quinze images. C'est toi qui les a trouvées. Dans le casier d'un ouvrier.

Elles sont si belles.

Tu trouves peut-être ces femmes désirables. Je n'en sais rien.

Tu les regardes trop souvent, ces photos-là.

Tes orteils se pointent, alors que mes cuisses s'enfoncent dans le doux matériel de la couche.

Je ne suis que le calme… et tu n'es que le stress.

Le passé. Ne pouvoir s'évader que par le sommeil.

Ou par l'envie.

Te retenir est une insulte.

Vers un isolement nouveau.

En caressant ton sexe avec mon sein gauche, avec mon sein droit, je répète qu'il y a celui-ci, qu'il y a celui-là, celui-ci… et celui-là. Démaquillée, fardée d'humour. Toi la couleuvre de mon corsage. Une chair de tulle illusion. Et ce parfum d'entre mes cuisses. Un brin de mangue et de rosée.

Ne rien émettre. Tout s'échanger.

Je me purifie à même la ganse de ta superficialité ; je suis un fruit, je me récolte… et j'aime.

Avant de choisir cet endroit, avant de nous retrouver ici, nous visitâmes quelques villes, quelques villages qui ne surent nous combler. C'était soit trop joli ou trop affreux ; soit trop petit ou bien trop grand. Par la fenêtre du train, notre jour de chance grossissait à vue d'œil lorsque nous entrevîmes cette rivière, ces chutes, ces arbres et ces usines. La richesse et la pauvreté, le sinistre et la grandeur — cette babylonienne nature gorgée de vitalité ainsi que ces tristes reliques du siècle qui jamais ne s'achève n'attendaient que notre arrivée.

Nous cherchions ce lieu magique où dormir, aimer et contempler deviendraient nos seules préoccupations. Un lieu qui s'imposerait de lui-même tant il serait déjà nôtre ; pour toi la ville et pour moi le cloître.

J'adore les voies ferrées. Je sautillais en funambulant sur le rail. J'avais froid. J'ai toujours froid. Joli ciel, pourtant. Chouette journée. J'enjambai le tronc ravagé d'un arbre défunt et m'arrêtai un instant. Toi, loin derrière, chargé de nos quelques bagages, tu assistais, sourire aux lèvres, à mes graciles prouesses. La petite exhibitionniste en moi adore te provoquer. En équilibre surprenant sur le triste métal de ce chemin de fer suranné, je penchai mon corps de femme vers l'avant, jusqu'à ce rail tout rouillé, comme pour refaire la boucle d'un lacet rebelle. Je sais bien que tu adores cette position. Elle me vient si naturellement. J'ai l'air d'un oiseau qui becquette à croupetons. Mon grand chandail de laine remonta jusqu'à laisser entrevoir les courbes de mes amples fesses. Tu me rejoignis, caressas mon si joli derrière… pour ensuite m'embrasser tendrement sur la bouche.

Tes lèvres portaient déjà le bouquet de notre nouveau vase.

De l'eau, du vent, du métal corrodé.

L'utopie, cet unique baiser retranché des théâtres.

Qu'avec moi toutes ces chimères.

Qu'avec moi tous ces volumes.

Je lirai tous les livres que tu as aimés d'un plongeon dans tes yeux… et tu liras la vie entre les pages ouvertes du missel de mes cuisses.

Le soir tombait déjà lorsque cette porte grinça. Notre usine, notre trouvaille est une merveille. Nous la découvrîmes avec un regard d'enfant. Première journée, premiers pas, premiers silences ; l'impudique espace nous accueillait avec toutes ses reliques et toutes ses poussières. Éberluée par ce lieu incongru, je devins statue temporaire. L'intérieur de notre nouvelle maison est plus joli que tout. Devant cette agape, mes petits yeux brillèrent d'une curiosité… disproportionnée. Je voulais tout voir, tout tripoter, tout renifler. Explorer ce qui allait devenir notre gîte. Ses moindres recoins. Dès la première minute. Sans plus attendre. Toi aussi, tu avais l'air fasciné, mais surtout épuisé ; nos bagages apprirent la texture du sol comme une flèche celle du centre de la cible. Tu réalisas rapidement que l'endroit était parfait, inespéré. Contenté, tu t'effondras sur une grosse couverture encore toute roulée ; demain peut souvent attendre et, pour toi, il attendrait.

Mes rêves de cette première nuit furent inondés par une cataracte de gentils fantômes. J'aime bien avoir peur. C'est bien amusant. Je t'en parlai dès le lendemain matin et je t'en parle encore à l'occasion, de ces petits épouvantails… dès que le bruit d'un tuyau qui grince, d'une fenêtre qui claque ou d'un plancher qui craque les fait revivre.

Je n'oublie jamais les sensations, les émotions, les manières naturelles; je n'oublie que les faits.

Ce soir-là, lorsque tu t'endormis, ta dernière vision fut celle d'une grande belette au regard tout bleu qui arpentait la sombre majesté de l'usine; ce matin-là, lorsque tu t'éveillas, ta première vision fut celle d'un grand corps de femme, d'une troublante procession de courbes illuminées, qui t'invitait à la suivre vers sa plus amusante découverte. Je te racontais les gentils fantômes de ma nuit à moi et te conduisais vers une petite pièce où se trouvait un trésor qui, je le savais, ne pouvait que te plaire. Tes gestes d'or. L'ouverture de la caverne. Cet entrepôt, cette petite remise où j'entrai à ta suite. Puis l'averse, l'offrande : ces dizaines de vieilles machines à écrire gisant à même le sol. Recouvertes de la poudre des ans. De la sueur des chiffres. Du travail inachevé. « C'est amusant, non ? fis-je avec fierté. Est-ce que tu vas m'écrire plein de jolies choses ? — Je t'écrirai tout ce que tu veux savoir, tout ce que tu désires connaître, répliquas-tu en soulevant une vieille machine et en l'examinant avec le regard d'un savant. »

Je suis souvent si heureuse.

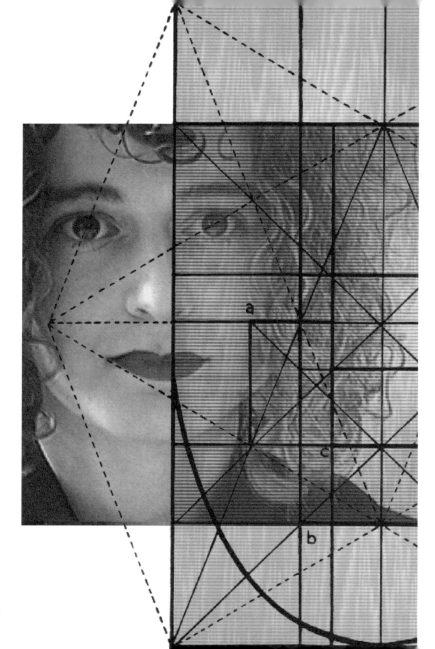

Ton corps de glace. Le vent trop frais. Telle l'étoile qui éclate un jour de fête, je suis celle qui chatouille sa gorge de poupée avec un hochet.

D'un seul et lent trait. Comme dans un jeu d'adresse. Comme dans les foires lorsqu'il faut atteindre une cible avec un projectile. Je vais peut-être gagner un gros toutou.

Quand je prends tout dans ma bouche, j'ai l'impression d'avoir réussi à enfiler une aiguille. Dans la mire. Jusqu'au fond. S'il n'était pas aussi inconfortable, je crois que j'aurais gardé mon petit dé à coudre doré toute la nuit. Je le trouve si joli. Mais il me serre le bout du doigt. J'espère que ma bouche ne te fait pas le même effet.

Tu ne t'appartiens plus ; ton sexe est enfourné dans une chaude lumière.

Je ne m'appartiens plus ; ma tête est encerclée par le Savoir des ans.

Notre usine est un temple. Tu y écris debout. Depuis des jours, des mois que tes doigts frétillent sur les touches de toutes ces grosses et bruyantes machines. Ces doigts si beaux lorsqu'ils se meuvent. Ces mains si douces dans la poussière. Déconstruire le silence. C'est le prix à payer. Tu sembles toujours un peu surpris lorsque je te demande de m'écrire une nouvelle histoire. Toi, tu me trouves… rafraîchissante. Tant mieux pour toi mais moi, je souffre sans souffrir de ne savoir que penser.

De tous ces lieux, de tous ces gestes.

De toutes ces théories, de toutes ces découvertes.

De tous ces gens intelligents qui vinrent avant.

Est-ce que tu me crois lorsque je te déclare que je ne savais presque rien avant de te rencontrer? Es-tu bien certain de réaliser que le premier dictionnaire que j'ai vu de toute ma vie est celui que tu m'as offert le jour de mon anniversaire? J'en doute un peu. Je ne suis pas bavarde lorsqu'il s'agit de mon réveil tout blanc... du peu de choses que j'ai réussi à apprendre au fil des ans.

Par contre, je sais que toi tu sais presque tout.

Moi, je n'ai que ce corps-ci à t'offrir... et je te l'offre.

Je ne suis jamais loin derrière lorsque tu ne dors pas, lorsque ton sexe se repose. Lorsque ce froid me décapite. Tu as réparé les carreaux brisés des grandes vitrines. Tu as installé un gros poêle en fonte — système de chauffage rudimentaire qui devra bien faire l'affaire. L'hiver ne fait que commencer. Bientôt, nous irons à la plage. C'est d'accord? Des vacances au soleil. Que dirais-tu de marcher sur le sable à mes côtés? Je ne suis jamais allée à la plage, moi. Je serai comme cette petite fille avec la bouée sur la photo. Celle qui n'a pas encore de seins. Celle qui n'a pas encore de courbes. Ici, le givre envahit tout. J'ai un peu peur du froid lorsque tu dors. Est-ce que tu veux aller à la plage avec moi?

Tu as réparé toutes ces vieilles machines à écrire. Sur celle-ci, il manque un "v" et sur celle-là, les mots sont si pâles... à m'en donner la frousse. Mais elles fonctionnent toutes, à présent.

Dix-neuf pupitres de fortune qui me servent de mémoire.

Ton sexe me boude. Je déteste ça quand ton sexe me boude. Et puis zut. Je pars en voyage. Je reviendrai lorsqu'il sera moins bougon. Je te couvre avec une grosse couverture. Je ne veux pas que tu sois malade. Je déplie mes longues pattes et je me lève. Quelques pas vers la fenêtre. Je virevolte sur le béton telle une gracieuse toupie. J'enjambe quelques femmes, quelques photographies. Tu es si loin, déjà. Sur la pointe des pieds dans ma robe de bal, je gambade, je gigue, je guinche — tout pour me réchauffer. De gestes lents, d'oscillations quasi religieuses, mes bras assurent l'équilibre. Tous ces pupitres. Tout ce papier. Je danse autour des vieilles machines.

Autour de ton intelligence.

De ma mémoire.

Tu es la première personne qui prend le temps de répondre à mes questions. De vraiment répondre, c'est-à-dire de me parler, de m'expliquer… jusqu'à ce que je comprenne. De mettre sur papier toutes les étapes d'un raisonnement, d'une explication. Au cas où j'oublierais… une fois de plus. Tu ne sais pas ce que ça veut dire pour moi. C'est tellement bon d'être en mesure de comprendre quelque chose. D'en savoir un peu plus. De me rendre à une grosse pile de papier, d'y mettre mon nez, de trouver la feuille convoitée, les mots, les phrases… et de découvrir à nouveau le sens de ce que tu réussissais de peine et de misère à me faire comprendre la veille. C'est vrai que je suis un peu lente avec ma tête toute brisée… ce qui ne m'empêche en rien d'être vivante.

D'être curieuse.

Je suis comme ça, voilà tout.

Quelques phrases. De petits paragraphes. Du très court. Depuis que nous sommes ici, depuis que nous sommes ensemble pour toujours au sein de cette usine, de cet amusant laboratoire, j'ai rencontré Edison, Magellan, Lautréamont, Darwin, Gandhi, Einstein, Bach, Shakespeare, Berndt, Kant, Rousseau, Van Gogh, Freud, Pasteur, Webern… j'ai visité l'Acropole, Abou Simbel, Babylone, Stonehenge, Chéops, la Cathédrale de Sainte-Sophie, le Tombeau de Qin Shi Huangdi, le Tadj Mahall, le Gravensteen, le Palais Médicis, Versailles… j'ai vécu des tremblements de terre, des famines, des ouragans, des guerres civiles… j'ai assisté aux plus grands événements… j'étais dans l'atelier de Gutenberg alors qu'il imprimait la Bible, dans l'observatoire de Galilée alors que la Terre se mettait à tourner, dans ce crématorium de Birkenau alors que tous ces corps brûlaient, dans l'usine de Monsieur Ford alors que la toute première chaîne de montage s'activait… j'étais là avec mes milliers de questions ainsi qu'avec toutes ces perspectives.

Grâce à toi et à toutes ces rivières de papier.

Mes grands yeux bleus jacassent avec les vieilles machines. Et je danse. Salomé, Schéhérazade, Kiki, La Chatte, La Sylphide, Chloé, Juliette, Fifi Brindacier… j'auditionne pour tous les rôles.

La réalité m'indispose ; je serai ta robe, ta feinte… ta fiction.

Je ne suis pas timide. Je dis ce que je dois. Je t'arrête, parfois, lorsque tu vas trop loin. Lorsque je ne comprends plus. Je t'ai demandé jusqu'où se cachent les étoiles. Jusqu'où dans l'océan nagent les poissons. Je t'ai demandé de m'expliquer le temps. Une seconde, une heure. Une année, un siècle. Le calendrier que nous utilisons.

Je danse et je t'observe.

Lenteur ensorcelante. Faire attention.

Ne pas te réveiller. Un plaisir raffiné.

Je me souviens de cet instant, de cette journée magique où tu m'enseignas toute la fragilité de notre époque. Nous étions assis sur le rebord de la grande fenêtre de l'usine. Tu portais ton impeccable veston. Celui que je trouve un peu comique. Le soleil de ce début d'hiver-là était généreux. Ses rayons frappaient les fibres métalliques de mon petit sac à main argenté qui gisait sur le siège du gros fauteuil tout rouge.

La lumière est une fête.

Le kaléidoscope de tes yeux m'obsède.

Avec toi, ce jour-là, je retrouvais le simple bonheur d'être vivante. J'avais cette folle envie de sauter à ton cou, de te serrer, de te caresser.

Pour rien. Sans bourse délier.

Dans ce triste chandail de laine couvrant de justesse mes genoux trop blancs, visage boudeur appuyé sur les doigts d'une seule main, je te fixais avec mes yeux cernés. Bombé comme celui d'un poupon, mon front semblait t'émouvoir, t'éblouir. J'aime tellement être désirable à tes yeux. La question me vint naturellement. «Dis, pourquoi on a fermé l'usine? — Parce que notre époque est très fragile, tu sais… si fragile.» Tu détournas ton regard du mien pour le diriger vers l'horizon à travers la fenêtre. J'aime te regarder penser. Rien ne semble plus t'effrayer, toi. Mes doigts, mes mains, mes bras se mirent à danser à même l'espace. Un ballet désarticulé, un chant langoureux. «Oui, mais… pourquoi? — Pourquoi quoi? — Pourquoi on a fermé l'usine? Pourquoi notre époque est-elle si fragile?» Ton regard revint vers moi. «Viens… je vais te montrer quelque chose, dis-tu de ta voix la plus douce.» Tu me tendais la main. Une émotion savoureuse. Rien ne cloche vraiment entre nous. Toutes ces photographies sur le lit, sur le sol… sur le rebord de la fenêtre. Je ne devrais pas être jalouse. Mais l'incertitude est ma compagne la plus fidèle. Elle me suit comme un petit caniche. Sans te quitter des yeux, je fouillai à l'aveuglette dans mon sac argenté. Mes doigts revinrent armés d'un poudrier. J'étais en transe. J'allais bientôt apprendre. Je dépliai le couvercle du poudrier.

Éclipse.

Un miroir nous sépara.

Blanche à ravir.

La transparence de mes émotions frisait le graveleux.

Ailleurs. J'étais plantée là. Contre le mur jouxtant une sortie de secours à présent condamnée par un muret de béton. Toi, tu revenais vers moi avec le gros fauteuil tout rouge au bout des bras. J'étais patiente. Je suis toujours patiente. Houppette à la main, je relevai mon long chandail de laine pour te montrer mes cuisses. En plein désert devant mon miroir de poche, je retouchais la rougeur de mes joues… j'attendais.

Je ferais tout pour toi.

N'importe où. N'importe quand.

En courant. À la nage.

Ici. Ou ailleurs.

J'observais ton manège. Tu grimpas sur le fauteuil afin de rejoindre le vieux luminaire qui jadis indiquait la sortie de secours. Un grillage métallique te séparait du trésor du moment. Moi, j'avais l'impression d'être utile. Je m'inventais un rôle. J'assumais la surveillance. Comme si quelqu'un allait bientôt nous surprendre. Un acte illégal. Notre connivence était délicieuse. Mon visage rayonnait.

J'aime défier les règlements.

J'aime loger ici gratuitement.

À l'aide d'une pièce de monnaie, tu te débarrassas et du grillage et de la plaque de verre incurvée d'un rouge criard, puis te saisis de l'ampoule. Elle était sale. Tu la glissas dans une poche de ta veste. «Vite, il faut filer… sinon nous allons nous faire prendre! fis-je en t'attrapant par la main et en t'aidant à descendre du fauteuil. — Petit bébé de petit bébé de petit bébé… ajoutas-tu en m'embrassant sur le front.» J'aime bien te faire rire. C'est bien amusant.

Nous nous installâmes de nouveau sur le rebord de la fenêtre. Tu déballas le bijou. Oui, j'allais apprendre. Mon dos se cambrait, ma poitrine se soulevait ; je trépignais gauchement, manifestais ma joie par ces quelques gestes.

Ta concentration m'impressionne.

Atrocement poussiéreuse, l'ampoule électrique ne répondait pas aux normes d'hygiène élémentaire. Tu l'essuyas soigneusement avec le rebord de ta veste puis, du bout d'un doigt, en caressas les courbes fragiles. Tu frôlais le verre dépoli avec un respect intimidant. Ton doigt remonta le long du col, traça des spirales autour de la partie la plus large de l'objet… pour finalement s'arrêter sur le dessus de l'ampoule, tout près du petit logo qui la couronnait. Le petit logo était pâle, mais distinct. «Regarde… tu le vois?» Oui, je le voyais. Je ne parlais pas. Je me laissais guider à même la splendeur de ce voyage. Je m'approchai, savourai ce moment de complicité. Tu me regardais contempler une image. Mes traits devinrent un phare. «Imagine que ce petit logo est notre usine alors qu'elle employait une tonne de gens et qu'elle produisait une tonne de produits… d'accord?» Le bout de mon nez s'approcha jusqu'à caresser le petit logo. «Il est beau, n'est-ce pas?» Tu me pris par la taille. Nul besoin d'expliquer. Ici, une icône nous unissait. Tu me dédiais cette image. Tu me l'offrais comme on offre à la levée du jour l'étoile longtemps pointée du doigt. J'étais d'accord avec toi. Cet emblème d'une multinationale était somptueux… puisqu'il permettait à nos souffles de se frôler, puisqu'il permettait à ta main de constater que mon corps frémissant était encore une fois si disponible à tes caresses. «Maintenant, imagine que cette ampoule représente notre époque.» Tu ouvrais la main. Tu laissais simplement tomber l'ampoule. Libre chute. J'ai bien tenté de l'attraper avec mes pieds. Trop peu, trop tard; l'ampoule se fracassa en mille miettes au contact de la froideur du béton.

C'est très fragile, une ampoule électrique.

Et tu dors encore.

Je frise la réalité en permanence. Rien ne me possède. La plus profane des femmes, c'est moi. Pourtant, je suis revenue. Avec toi. Sur ce lit. J'attends. Je sortirai encore aujourd'hui le grand jeu pour te plaire. Ma nouvelle robe. Simple vision pour ton réveil. Avec mon visage en perpétuelle mouvance, je serai exquise mais immatérielle. Je tenterai une fois de plus de te séduire.

Je n'aime pas l'échec. Je ne me concentre que sur ce que je réussis à la perfection. Et mon chef-d'œuvre du moment, c'est toi. Ni rien ni personne d'autre.

Je serai Vénus jusqu'au bout des cils.

À défaut d'être idéale, je serai bucolique.

À défaut d'être cultivée, je m'offrirai comme un bonbon.

L'humeur du temps m'indiquera la marche à suivre.

Je te présenterai une petite main blême aux doigts trop fins, trop longs, que tu accepteras peut-être avec compassion… peut-être avec convoitise. Du bout de tes lèvres charnues, tu baiseras cette petite patte offerte. Je crois vraiment que je te touche. Moi, au cœur de ta paume large et indulgente, je frémirai telle une feuille au printemps… m'épanouirai telle une parure.

Ton sexe me fait penser à un chaton. C'est vrai, tu flattes tendrement un petit chat jusqu'à cette impression qu'il est blasé de toi et, dès que tu cesses de le caresser… il frétille, ronronne et en redemande.

Cette photographie entre tes jambes.

Une femme. Une autre que moi.

La sueur de mes doigts. Ce coulis d'énergie qui te gémit si bien. Recouvert de salive, ton sexe est plus excitant… mais il est moins doux. Ce grand cordon de velours entre mes doigts. Toi, tu ne sais pas ce que ça fait… parce que ton sexe est le seul que tu connais.

Une histoire de tempérament que le sexe d'un homme.

Je m'approche toujours de toi avec la douceur d'une envoyée ; j'adore le calme du reflet de mes griffes sur tes yeux.

À qui tu rêves lorsque tu rêves ?

Te garder pour moi. Seulement pour moi. Tu rêves de moi ? C'est pour moi cette respiration saccadée, cet air de pavane ?

Ou pour toutes ces filles sur les photos ?

J'aurais aimé être la première. La seule, l'unique.

Tu aimes bien celle-ci. Tu la regardes bien trop souvent.

Qu'a-t-elle donc que je n'ai pas, moi ? Que je n'aurai jamais ? Je suis trop grande, je suis trop ronde. Je suis trop pâle, je suis trop blonde. Tu préfères les femmes plus petites que moi. Avoue. Je n'ai qu'une seule taille, moi. Qu'un seul poids. Je ne serai jamais qu'une grande blonde un peu pataude aux épaules trop larges, aux seins trop volumineux et aux hanches trop amples. Lorsque je bouge, lorsque je me déplace, c'est l'espace tout entier qui se meut avec moi.

Tu penses sûrement à elle à l'occasion lorsque nous faisons l'amour.

Ou lorsque tu dors et que je te caresse.

Ou lorsque maintenant.

Oui, je suis jalouse. C'est un défaut et je le sais. Je n'en parle jamais. Ma jalousie est un jardin secret. J'imagine cette femme-là te faisant ses plus belles façons. Cette pensée m'est insupportable. Les doigts de ma main gauche quittent ton corps. De mes ongles longs, je gratte la peinture verte sur la base en métal de notre couche. Je déteste cette petite brunette. Je la déteste car je ne pourrai jamais devenir son corps, son visage. Je ne pourrai jamais lentement relever du plancher ce charmant petit regard d'ingénue vers toi. Deux innocentes noisettes fixant le mâle si grand, si imposant. Je ne t'offrirai jamais cette peau à la pigmentation riche et voluptueuse, ces petites mamelles de gamine qui ne demandent qu'à se faire lécher telles deux pastilles du meilleur chocolat. Je suis trop grande, moi. Mes jambes sont interminables, moi. Je ne pourrai jamais t'offrir cette impression de faire l'amour avec un écureuil, moi. Vas-y, invite-la dans tes rêves. Allez, possède-la de tous tes muscles. J'espère que tu aimes la sensation que procurent de petits orteils caressant tes oreilles lorsque tu jouis dans un petit pichou entouré d'un buisson noir et touffu. Ne te gêne surtout pas pour moi. Je ne suis que la femme de ta vie, après tout.

Ce lit est sa chevelure et mes doigts s'y incrustent.

Et je t'aimerai pour toujours.

Vite, un miroir ; j'aimerais tellement devenir toutes les femmes pour toi.

J'ai de la peinture verte sous les ongles… et je me barricade solidement, telle une perle, dans cette douce illusion — dans ce monde où tu ne penses vraiment qu'à moi.

Je ne suis pas parcelle que l'on enfile à un collier.

Je désire être bague.

Ignorer le pourquoi, le comment. S'absenter. Cesser d'être visible. Je ne pense plus qu'à toi. Se dissoudre. Refluer. Je ne pense plus qu'avec toi. L'ivresse de toi me coule des yeux. Après tous ces moments de délicieuse complicité, après toutes ces découvertes, tous ces sentiers, tous ces efforts, toutes ces joies et toutes ces peines… je ne peux faire autrement que de te faire confiance. Et puis tu es si beau. Je reviens sur notre route.

La semaine dernière, je t'ai demandé pourquoi tu regardais si souvent toutes ces autres filles, toutes ces photographies trouvées. Tu m'as répondu avec un autre paragraphe. Avec une autre énigme :

Désacralisation globale ; tout a changé et je n'ai rien contre. Je n'ai rien pour non plus. La photographie ne fait pas figure d'exception dans le domaine. Épurée de tout respect, aseptisée par les temps qui flashent. Voici quelques dollars, quelques francs, quelques roubles ; voilà trente-six clichés en moins d'une heure. Merci, prochain client. Karsh, Daguerre ? Le sourire niais de la cousine entre deux bières. Stieglitz, Man Ray ? La tête du bébé dans le gâteau. Nadar, Arbus ? L'énorme poisson pêché la veille par le meilleur ami du voisin du beau-frère. À la poubelle les appareils jetables et les doubles gratuits. La photographie était si noble, avant. Cette rareté ; la préparation, la confection d'un souvenir… mémorable.

Dehors, la neige ne tombe plus. Qu'un faible vent qui la sculpte.

Bientôt, je te parlerai.

Je te raconterai la femme, l'image que tu as entre les yeux.

Entre mes doigts si fins, ton corps se fait méandre. Je te dirai tout bas ce magistral émoi. Je suis ton cercle, ta petite fille, ta friandise, ton alizé. L'intuition. Mon sexe d'orge te réclame. Tu es la glisse entre mes lèvres. L'étang qui se soulève.

Tu es de pierre et je suis d'eau.

L'orgueil du monde est à refaire.

Les diamants de mes oreilles auscultent le peu de lumière de la pièce, tel un enfant qui étrenne un traîneau. L'indice ; cette couverture entortillée qui devient la cachette de mes pieds. Le silence, ce silence-là. Autour de nous, les objets perdent leur raison d'être. Les murs semblent disparaître. Le souffle coupé, je leur administre un congé mérité.

Une autre nuit, une autre somme. Je suis précieuse, presque singulière. Ta grande poupée de bronze se renfrogne sur un flanc. Elle enfonce son visage au creux du matelas. Sa chevelure devient ondes, devient flots. Une blondeur vénitienne papillonne jusqu'au béton. Je ne suis plus que tentation, ne suis plus qu'appétence. L'inoccupée se ronge, l'inadaptée se meurt. Mais les ongles affilés de cette statue qui t'appartient résisteront jusqu'à ton réveil. Jusqu'à ton cou… jusqu'à tes fesses.

Tu n'étais pas seul lorsque je t'ai rencontré ; ce jour-là, j'ai aussi fait la rencontre de la solitude.

Je suis vivante. Sous le couvert de ton silence chirurgical, je sens battre mon cœur.

Infinie savane.

Comme un voyage, hors du temps.

La nature de mes gestes se précise. Ce jeu fait d'ongles et de soupirs. Ma langue est ton écharpe. Une blondeur t'accapare. Agenouillée entre tes jambes, je suis celle pour qui ton sommeil devient trouble — je suis l'intérieur de toi.

Un paysage choisi.

Un éclairage savant perché sur une robe inactuelle.

J'observe ton visage. L'intimité d'un homme intelligent est la chose la plus envoûtante que je connaisse. Je m'en gave comme d'une sucrerie. Je me baigne dans cet étang capricieux. Tu as changé depuis que je te connais. Tout vendre, tout abandonner. Tu t'en souviens, toi, du garçon que j'ai rencontré ? Celui qui tenait la main au rendement à chaque tournant ? Celui dont le temps n'était régi que par la productivité ? Tu voulais servir. Sans jamais vraiment t'arrêter. Tu travaillas comme un cyclope. Jusqu'à l'effondrement. Jusqu'à moi, finalement. Tu me dis si souvent que je t'ai ouvert les yeux. Par ma simplicité, mon audace. Moi, un élément déclencheur ? Je n'ai aucune idée de ce que tu veux dire. J'en suis ravie, malgré tout.

Tu bouges. Je crois que tu t'éveilles.

Et ce soleil qui dort encore.

Vite, une cachette ; je disparais.

Une porte se referme.

Je suis rapide, je suis fugace… et je te guette.

Pour toi, seulement pour toi, le bourdonnement d'une autre journée pleine de promesses se répand au sein du vieil édifice. Bruits d'une fin de nuit gelée traversant les cloisons trop minces de l'usine. La porte refermée. Je m'agenouille, dépose mon petit sac à main argenté sur le pas de la porte et colle un œil au trou de la serrure. Encore aujourd'hui, j'observerai ton réveil. Je ne m'en lasserai jamais. À même le gros oreiller tout mou, tu ouvres enfin les yeux. Fidèle à tes habitudes, tu ne perds pas de temps et propulses ton corps hors du lit. Tu regardes autour de toi. Tu me cherches. Comme chaque jour. Tu souris de ton plus charmant sourire. Je suis quelque part, je te regarde… et tu le sais très bien.

Le tableau de cette réalité te comble jusqu'au ravissement.

Tu ne peux voir mon visage, tu ne peux voir mon corps. C'est bien amusant. J'ai mal à un genou. J'ai toujours mal quelque part, moi. Je suis une petite chatte blessée qui joue à cache-cache. Tu es si nu. Tu aimeras sûrement cette robe. Tu n'es pas tellement frileux, toi. Tu te diriges tout de même vers le gros poêle. Une bûche, puis une autre. De l'eau qui se réchauffe. Tes pieds sont peut-être un peu gelés ; ne t'en fais pas, ils deviendront brûlants.

Peut-être comme sur le sable chaud d'une fiévreuse plage.

L'eau ruisselle enfin sur ta peau. Je me régale. Je resterais ainsi pendant des heures — à me contenter de ce que le présent daigne me léguer. Comme sur le balcon de la petite prison de mon enfance. Comme cet après-midi-là, quelques mois après mon retour à la maison, où un chien passa à toute vitesse dans la rue déserte. J'étais surveillée. Papa m'avait ordonné de ne pas courir, de bouger le moins possible. Ainsi, ma tête guérirait mieux. Je comprends ce qu'est l'injustice. Ce chien me hanta longtemps. Il aboyait bruyamment. Suivre la trace de son chant de guerre était mon seul souci.

Une serviette onctueuse, une glace, un sourire. Je t'ai, je te garde, je te réinvente à chaque matin… et tu es merveilleux. J'ai beaucoup appris depuis que nous sommes ensemble. Cette passion qui t'habite est contagieuse. Je suis si fière de toi. J'aimerais devenir eau, cette eau que tu éponges présentement sur ton sexe timide et invitant.

Le trou de la serrure est trop petit. Je connais bien cette porte. Elle est bien silencieuse. Je peux lui faire confiance. Ses gonds sont bien élevés. Je l'entrouvre. Encore quelques centimètres. Mon corps se désaxe. Mes yeux s'écarquillent. J'ai remarqué que les hommes se regardent flegmatiquement dans un miroir, tandis que les femmes se scrutent avec sévérité. Allez, regarde-toi. Admire simplement ton corps. Je t'accompagnerai dans ce voyage. Ton cou n'est pas trop long, tes épaules pas trop rondes, ta poitrine pas trop développée, ton ventre pas trop plat, ton pubis pas trop pileux, ton pénis pas trop long, tes cuisses pas trop musclées, tes mollets pas trop maigres, tes pieds pas trop arqués, tes orteils pas trop croches. Tu souris, tel un enfant, de ta dentition aussi blanche qu'un grand verre de lait. Tu as l'air en forme, aujourd'hui. Je suis aux anges. Tu as aimé toutes mes caresses. En te retournant, en levant les bras, en bandant tous tes muscles, tu prends une pose de culturiste. Comme à la télévision. Comme dans les magazines. Cette pose est pour moi, je le sais. Tu me cherches dans le miroir. Je me mords la lèvre inférieure afin de ne pas rire. Je sors de ma cachette. Tu m'aperçois enfin. Ton regard m'éblouit. Je ne sens plus ma présence. Je n'existe peut-être plus du tout. C'est possible. Avec moi, tout est possible. Tu me l'as déjà dit. Lorsque avec toi, je deviens ce que tu vois, ce que tu ressens. Une réalité évanescente. Une grande fille éthérée. Au gré de l'usine, telle une sauterelle possédée, je meus mon corps trop grand, trop voluptueux, jusqu'à m'immobiliser à moins d'un mètre de toi. «Tu es magnifique, dis-tu en me tendant la main.» Je crois que je rougis. Ces yeux rivés sur moi, sur ma robe. Contact délicieux. J'ai l'impression de tourner, de courir, de m'amuser autour du plus bel arbre du monde. Mon petit nez pointu se perche sur la plus haute branche. J'ai tellement besoin de rêve, tellement besoin de toi. La petite fille emprisonnée dans le corps d'une femme se délecte.

Je te suis. Je suis à toi. J'adore marcher à tes côtés.

J'irai où vous voudrez, monsieur.

Il fait froid. Atrocement froid. Agglutinés l'un à l'autre sur le rebord de la fenêtre, regards fixés sur l'horizon, nous contemplons le vaste spectacle de l'ailleurs des jours. Il ne vente presque plus, ici. La tourmente s'estompe, progressivement.

Nuit blanche.

Territoire nouveau aplani par le vent.

La neige a pratiquement tout recouvert sur son passage. L'obscurité se chargera du reste. Le petit chemin reliant l'usine au grand réseau routier n'existe plus. Il n'y a plus de champ, plus de terrain, plus de clôture.

Le réel n'est qu'un flot émouvant, qu'un faible reflet menant vers l'infini.

« Regarde toute cette neige… on dirait un océan. » Ton regard devient pavillon. Le mirage est saisissant. « Je ne suis jamais allée à la plage, moi. » Je plaque une petite main blafarde et froide sur le revers d'une de tes cuisses. Tu abandonnes un long baiser tout chaud dans le creux de mon cou. Derrière nous, des pentures grincent. Nous ne sommes jamais seuls avec tous ces gentils fantômes.

« C'est comment aller à la plage ? » Je ne te demande pas ce qu'est l'hiver, ce qu'est le froid ; je connais très bien cette rubrique. « Aller à la plage est une fête, me réponds-tu. Il fait beau, il fait chaud, on achète une glace ou un chapeau, on se promène sur le littoral, on court jusqu'à l'eau, on plonge dans une grosse vague qui nous submerge avant de nous raccompagner gentiment vers le sable doré, on rit, on se prélasse comme des pachas, la chaleur nous envahit… — Est-ce qu'il y a des enfants à la plage? — Oui, souvent. — Comme cette petite fille avec la bouée sur la photo? dis-je en me levant pour m'installer dans le gros fauteuil tout rouge. — Oui, comme cette petite fille sur la photo. »

Je fixe mon petit miroir de poche d'un regard… surnaturel.

Centre de gravité introuvable sous cette robe que tu sembles beaucoup aimer, jambes formant torsades sur le tissu moiré du gros fauteuil rembourré, je retouche la charmante rondeur de mes joues. Maniéré, mon petit menton pointe vers le ciel. Mon dos s'arque à outrance. Mes genoux ne font plus qu'un. Les pointes de mes petits pieds piquent de leurs griffes colorées une autre fille, une autre photographie gisant sur le béton.

« Qu'est-ce qu'ils font, les enfants à la plage? — Ils s'amusent, ils se baignent, ils courent partout, ils s'inventent des symboles, ils construisent des châteaux de sable et, lorsqu'ils sont fatigués, ils s'écroulent sur le sable et se reposent. — À quoi ils pensent, les enfants qui se reposent sur le sable? — Ils ne pensent pas, mon amour… ils existent. — Oui, mais… pourquoi? — Pourquoi quoi? — Pourquoi ils ne pensent pas, les enfants qui se reposent sur le sable? — Parce que dès qu'ils se reposent, les adultes pensent à leur place. — J'aimerais beaucoup aller à la plage, moi aussi. »

Je dépose mon petit miroir sur le rebord de la fenêtre, me penche vers l'avant et repousse quelques photos du revers de la main. Je me relève d'un seul bond et enfourche le gros fauteuil rembourré. Frou-frou de ma robe contre le dossier. Mes bras se tendent, mes doigts s'incrustent dans un cuir trop usé… et je ferme les yeux. «C'est comme ça qu'on plonge dans la mer?» Kyrielle amazone. Une chevelure qui devient chute. Mes mains abandonnent les accotoirs enjôlés. Je me laisse basculer vers le vide de l'avant en un arc volumineux. Je tombe, je m'amuse. Le tissu de ma robe s'agglutine sur mes hanches. Ma poitrine trouve refuge au sein du coussin mœlleux du gros fauteuil tout rouge, s'y installe — et la cascade se termine.

Toute ta panique à toi pendant ma chute.

Mon visage ne fait qu'effleurer le sol. Lentement, en prenant appui sur l'une, puis sur l'autre paume, j'assure ma nouvelle position. Je ne porte pas de petite culotte. Je n'aime pas les petites culottes. De mes doigts pointés jusqu'à mes fesses bondissantes, jusqu'à mes jambes qui n'en finissent plus d'être jambes, un immense "v" s'offre à ta vue, telle une charade charnue et gorgée de sens. «Mais qu'est-ce que tu fabriques? — Je suis dans la mer et je suis bien… est-ce qu'il fait chaud dans l'eau de la mer? — C'est une sensation fabuleuse, me réponds-tu d'un air contemplatif. — Dis, est-ce que tu vas m'écrire un petit paragraphe sur la mer? — Je t'en fais la promesse.»

Jusqu'à notre migration, jusqu'à notre prochaine évasion, notre usine restera notre unique verger. Un jour, lorsque nous ne serons plus ici, nous irons nous faire dorer sous la chaleur des néons des plus grands hôtels — qui poussent comme des champignons sur les sables torrides.

Je te regarde me regarder. Ton corps est fagoté et le mien à ciel déployé. En caressant mes si jolies fesses de ton regard soyeux, tu penses probablement déjà à ce que tu vas m'écrire au sujet de la plage, au sujet de la mer. Les premières lueurs du jour s'immiscent à travers les carreaux de notre immense fenêtre.

J'ai un présent pour toi, mon réveil tout blanc ; en fait, j'ai quelque chose à te dire.

Ma voix devient murmure lorsque je trouve le courage de prononcer ces quelques mots : « Est-ce que tu veux que je te dise ce que je savais… avant de te rencontrer ? — Mais qu'est-ce que tu veux dire ? — C'est que moi aussi, j'aimerais bien partager mes connaissances avec toi… veux-tu savoir tout ce que j'ai appris ? — Mais enfin, tu connaissais une tonne de choses avant de me rencontrer. Tu savais déjà toutes ces choses qui n'appartiennent qu'à toi, tu connaissais le plaisir d'être femme, tu savais que le soleil se lève à chaque matin, que tu lui souris tous les jours comme toi seule peut lui sourire, tu savais l'odeur des fleurs lorsque tu cours dans un champ, tu connaissais le froid sur ton corps, le goût des fruits, la joie d'être vivante… — …non, non… tu n'as rien compris. Tout ça, ce sont des choses évidentes. La Connaissance, c'est tout ce qu'on n'a pas vraiment besoin de savoir. »

Je le sens, je le sais, tu vas m'interrompre une fois de plus. Sois gentil, laisse-moi parler. Dans une heure, tout au plus… ce sera terminé.

Et tu sauras tout.

Tout va trop vite. Nous vivons à l'ère de la lèpre du temps. Au rythme immodéré de cette averse de propagande qui s'abat depuis des lustres sur les beaux sentiments, sur les espoirs les plus simples. Les dernières ambitions s'évanouissent. Les cœurs se brisent à une cadence stroboscopique. Le débat, le discours n'existe plus. Ici, maintenant, rien ne tient l'affiche plus d'une semaine sinon la misère.

Longtemps, j'ai ravalé ma colère devant le charnier des idées qui s'écroulent. Jusqu'ici, j'ai assisté au spectacle de la mutation des priorités en observateur souple et obéissant; je dérivais sur la lame de la mode sans faire de vagues.

Mais voilà que depuis que je t'ai rencontrée, mon intuition, ma petite porcelaine, le temps semble s'être figé à même la plus évanescente des candeurs. Se retirer, observer le mælström des vents mauvais. Démultiplier ses attentes.

Je souhaite la douce révolte d'une filiation tout entière.

Car le XXe siècle est une erreur.

Les œuvres de Suzan Vachon sont de la série intitulée

L'atelier de Gutenberg.